SRA Early Interventions in Reading

Level 2

Activity Book A

Columbus, OH

The McGraw-Hill Companies

SRAonline.com

 SRA

Send all inquiries to:
SRA/McGraw-Hill
4400 Easton Commons
Columbus, OH 43219

Printed in the United States of America.

ISBN 0-07-602679-5

5 6 7 8 9 VHG 10 09

Table of Contents

Lesson 2

Activity 2

_____ _____ _____
ie   aw   oo

Activity 8

Who _____   Where _____

Problem   _____

The fox is _____.

Events

1. The fox sees another fox
   _____

   in the _____.

2. The other fox _____

   _____.

Outcome
The fox has a friend.

Name_____

Lesson 3

Activity 3

_____
- -
_____

_____
- -
_____

_____
- -
_____

_____
- -
_____

Lesson 4

Activity 2

Activity 6

ue

ow

Lesson 5

Activity 2

Activity 5

Lesson 5

Activity 7

Lesson 6

Activity 2

_____   _____   _____

_ _ _ _ _ _ _ _ _ _ _ _ _   _ _ _ _ _ _ _ _ _ _ _ _ _   _ _ _ _ _ _ _ _ _ _ _ _ _

_____   _____   _____

_ _ _ _ _ _ _ _ _ _ _ _ _   _ _ _ _ _ _ _ _ _ _ _ _ _   _ _ _ _ _ _ _ _ _ _ _ _ _

_____   _____   _____

_____   _____

_ _ _ _ _ _ _ _ _ _ _ _ _   _ _ _ _ _ _ _ _ _ _ _ _ _

_____   _____

_____   _____

_ _ _ _ _ _ _ _ _ _ _ _ _   _ _ _ _ _ _ _ _ _ _ _ _ _

_____   _____

Activity 3

_____

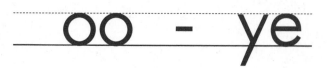

oo - ye

Activity Book A

Lesson 6

Activity 5

eggs	them	find
old	hard	hide
ever	nest	place

Lesson 7

Activity 3

e ough

eau ul

ough

Lesson 8

Activity 2

_____   _____

- - - - - - - - - - - - - - -   - - - - - - - - - - - - - - -

_____   _____

- - - - - - - - - - - - - - -   - - - - - - - - - - - - - - -

_____   _____

- - - - - - - - - - - - - - -   - - - - - - - - - - - - - - -

_____   _____

Lesson 9

Activity 4

_____   _____

_____   _____

_____   _____

_____   _____

Activity 5

flashlight   headlight

starfish   bathtub

Lesson 10

Activity 2

h<u>ur</u>t   w<u>a</u>y   st<u>i</u>ll

br<u>ig</u>ht   r<u>e</u>st   h<u>ar</u>d

t<u>o</u>ld   <u>th</u>at

Activity 3

a   e   i   o   u

<u>qui</u>et   <u>return</u>

<u>crazy</u>   <u>favo</u>r

<u>po</u>ny   <u>fi</u>nal

Lesson 10

Activity 6

<u>Who</u> _____

_____

<u>Where</u> _____

_____

Problem _____

Rosa is _____.

Events   _____

----

1. Rosa must rest her _____.

    _____

----

2. Rosa is _____.

    _____

----

3. Rosa is _____ she will
   forget what things look like.

Outcome
Rosa makes a picture in her mind.

Lesson 11

Activity 3

_____

_____

_____

Activity 4

_____   _____

-------------------------   -------------------------

_____   _____

_____   _____

-------------------------   -------------------------

_____   _____

_____   _____

-------------------------   -------------------------

_____   _____

Lesson 11

Activity 6

Who _____

....

_____

Where _____

....

_____

Problem _____

....

Rosa is _____.

Lesson 11

Activity 6—continued

Events _____

1. Rosa must rest her _____.

2. Rosa is _____.

3. Rosa is _____ she will forget what things look like.

4. Rosa makes more _____ in her mind.

5. Rosa's eyes get _____.

Outcome
Rosa is learning to be an artist.

Lesson 12

Activity 5

<u>summe</u>r   <u>in</u>sect   <u>co</u>vered

<u>won</u>dered   <u>mi</u>nute   <u>li</u>on

morning   walking   wonder

<u>a</u>nother   bott<u>o</u>m

Name_____

Lesson 13

Activity 1

_____

- -

_____

_____

- -

_____

Activity 2

_____   _____

- - - - - - - - - - - - - - -   - - - - - - - - - - - - - - -

_____   _____

_____   _____

- - - - - - - - - - - - - - -   - - - - - - - - - - - - - - -

_____   _____

_____   _____

_____   _____

- - - - - - - - - - - - - - -   - - - - - - - - - - - - - - -

_____   _____

Name_____

Lesson 13

Activity 6

Name_____

Lesson 14

Activity 2

<u>fa</u><u>vo</u><u>ri</u>te   <u>butter</u><u>milk</u>

<u>sausages</u>   <u>di</u><u>no</u><u>saur</u>

<u>wal</u><u>nut</u>   <u>tum</u><u>ble</u>

Lesson 15

Activity 2

_____

- -

_____ O _____

_____

- -

_____

Activity 5

hungry   monkey

morning   berries

coconut   only

annoyed

Lesson 16

Activity 1

Activity 3

Lesson 16

Activity 5

g<u>r</u>u<u>m</u>p<u>y</u>   <u>e</u>a<u>t</u>i<u>n</u>g

<u>f</u>i<u>s</u>h<u>i</u>ng   <u>h</u>u<u>n</u>g<u>r</u>y

<u>s</u>o<u>m</u>e<u>t</u>i<u>m</u>e<u>s</u>   <u>s</u>w<u>i</u>m<u>m</u>i<u>n</u>g

Activity 7

Absurd   ### True

1.   1.

2.   2.

3.   3.

4.   4.

5.   5.

Lesson 17

Activity 1

p<u>o</u>int	fr<u>e</u>t	wond<u>er</u>
slo<u>s</u>h	s<u>o</u>ft	<u>o</u>ink
b<u>ir</u>d	f<u>ee</u>t	li<u>g</u>ht
f<u>ur</u>ry	dr<u>i</u>p	br<u>a</u>in
sp<u>o</u>il	me<u>ow</u>	squ<u>ea</u>l

Activity 2

_____
_____

_____

_____

_____

_____

Lesson 17

Activity 4

better   playful   risky

outside   wonder   instead

outer   shatter

enjoy   together

Activity 7

Name_____

Lesson 18

Activity 3

<u>per</u>haps   <u>un</u>til   <u>joy</u>ful

dra<u>gon</u>   <u>soft</u>ness

moun<u>tain</u>   star<u>ting</u>

Activity 5

My Favorite Pet

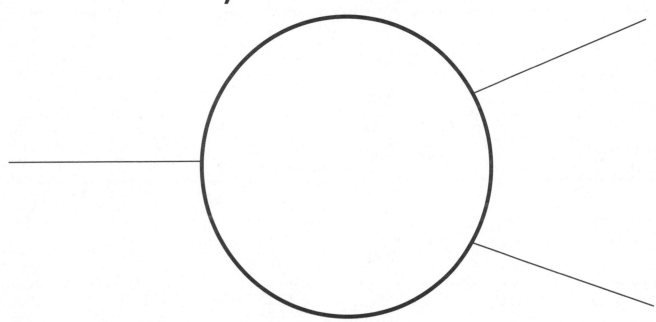

My favorite pet animal is a _____.

I like the animal because _____.

Lesson 19

Activity 2

birth<u>th</u>day	d<u>ow</u>n	p<u>a</u>rk
ar<u>ou</u>nd	f<u>ou</u>nd	sh<u>ou</u>t
conc<u>e</u>rt	tod<u>ay</u>	st<u>ai</u>r
m<u>u</u>sic	h<u>ow</u>	cr<u>ea</u>m

Activity 3

_____   _____

---------------------------------   ---------------------------------

_____   _____

---------------------------------   ---------------------------------

_____   _____

---------------------------------   ---------------------------------

_____   _____

_____

Lesson 19

Activity 6

Who _____

_____

Where _____

_____

_____

Problem _____

Nicky has no _____

_____.

Lesson 19

Activity 6—continued

Events

_____

1. Nicky finds no presents at _____.

2. Nicky's mom takes him to a

_____

_____

_____.

3. Nicky does not have any ice

_____

_____

_____.

_____

4. There is a _____ party

    for Nicky.

Outcome

Nicky gets presents for his birthday.

Lesson 20

Activity 2

n<u>ow</u>   afr<u>ai</u>d   mi<u>gh</u>t

j<u>u</u>d<u>g</u>e   s<u>i</u>de   f<u>air</u>

h<u>ow</u>l   ex<u>a</u>ct   p<u>ou</u>nd

f<u>oo</u>ls   b<u>i</u>te   b<u>i</u>ts

Activity 3

<u>bigger</u>   <u>stolen</u>   <u>argument</u>

<u>perfect</u>   <u>afraid</u>   <u>master</u>

<u>monkey</u>   <u>careful</u>

Lesson 21

Activity 2

_____ _____ _____
- - - - - - - - - - - - - - - - - - - - - - - - - - -
_____ _____ _____
_____ _____ _____
- - - - - - - - - - - - - - - - - - - - - - - - - - -
_____ _____ _____

Activity 3

dropping   hillside

mountain   covered

mountaintop   tunnel

solid   wildlife

humans

Activity Book A

Lesson 22

Activity 1

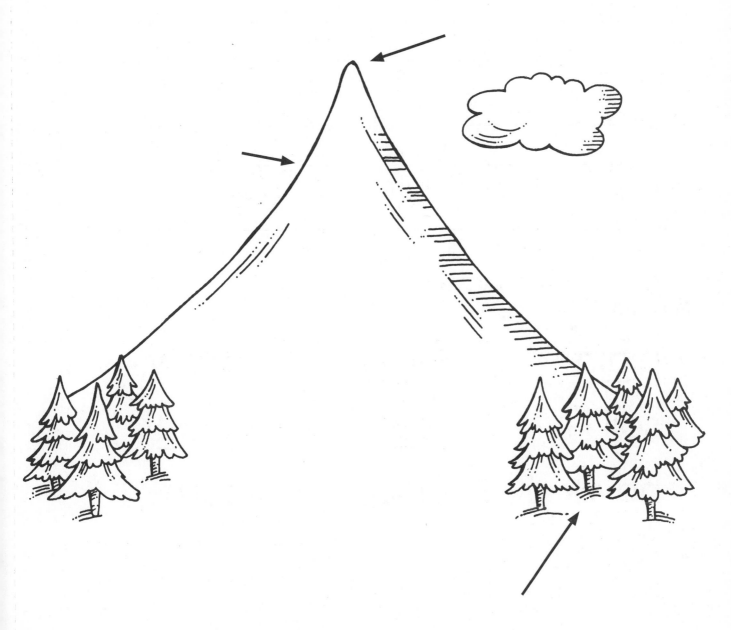

Lesson 23

Activity 2

_____ _____

·····························   ·····························

_____ _____

_____ _____

·····························   ·····························

_____ _____

_____ _____

·····························   ·····························

_____ _____

Activity 3

pl<u>ai</u>n   f<u>ew</u>   gr<u>ow</u>

s<u>oi</u>l   t<u>ee</u>th   sn<u>ou</u>t

h<u>aw</u>k   pla<u>ce</u>   c<u>or</u>n

co<u>m</u>b

Name_____

Lesson 23

Activity 4

percent

inches

grasshoppers

beneath

butterfly

anteater

antelope

between

sunlight

termites

insect

butterflies

tunnel

healthy

Lesson 24

Activity 2

Lesson 25

Activity 2

c<u>oo</u>kie	cit<u>y</u>	citi<u>e</u>s
kn<u>ew</u>	s<u>ur</u>vive	bod<u>y</u>
bodi<u>e</u>s	<u>oy</u>ster	s<u>ea</u>
c<u>y</u>cle	ca<u>tch</u>	br<u>oo</u>k
cl<u>ue</u>	<u>au</u>thor	cr<u>aw</u>l

Lesson 26

Activity 3

Lesson 26

Activity 4

catcher   mackerel
<u>catch</u><u>er</u>   <u>mack</u><u>erel</u>

plankton   breakfast
<u>plank</u><u>ton</u>   <u>break</u><u>fast</u>

hungrier   lurking
<u>hun</u><u>gri</u><u>er</u>   <u>lurk</u><u>ing</u>

shadow   burrow
<u>shad</u><u>ow</u>   <u>burr</u><u>ow</u>

Lesson 26

Activity 7

Top of the
food chain

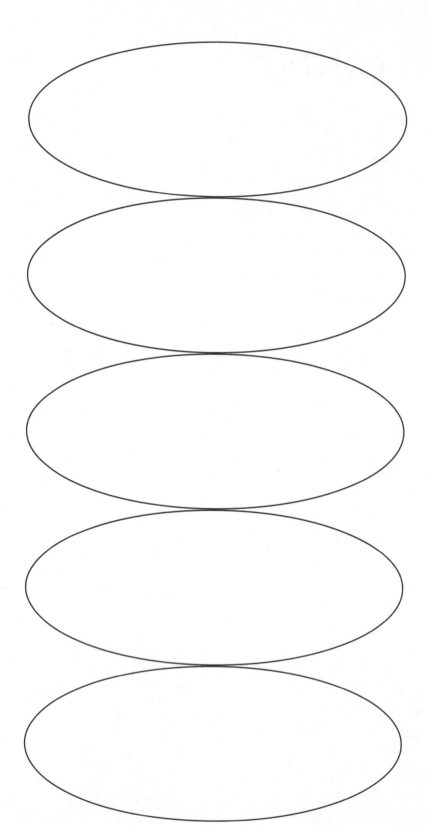

Bottom of the
food chain

Lesson 26

Activity 8

Lesson 27

Activity 4

<u>desert</u>

<u>outside</u>

<u>kangaroo</u>

<u>senses</u>

<u>swallow</u>

<u>talons</u>

<u>another</u>

<u>underground</u>

<u>rattlesnake</u>

<u>inject</u>

<u>tomorrow</u>

Lesson 27

Activity 7

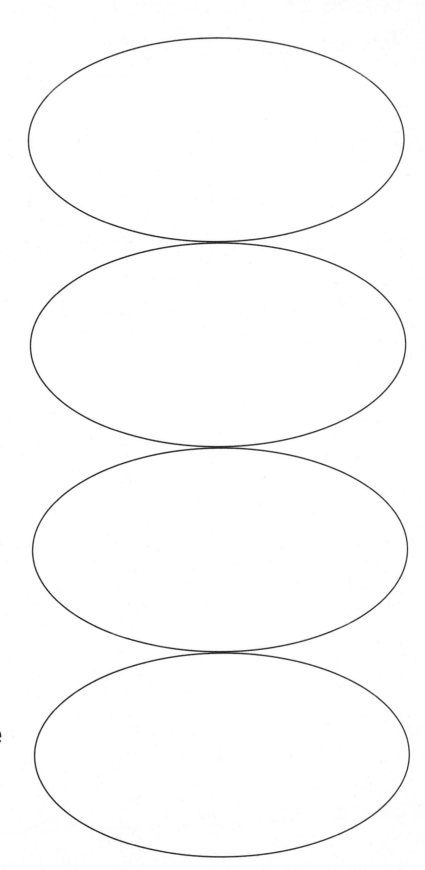

Top of the
food chain

Bottom of the
food chain

Lesson 27

Activity 8

Lesson 28

Activity 2

<u>p</u>hone   <u>kn</u>ot   dol<u>p</u>h<u>i</u>n

cr<u>aw</u>ls   p<u>o</u>unce   w<u>a</u>kes

<u>kn</u>ight   r<u>i</u>ght   cl<u>aw</u>s

sh<u>ar</u>p   pr<u>ow</u>l   <u>p</u>henomenal

Activity 3

_____   _____

_____   _____

_____   _____

_____   _____

_____   _____

_____   _____

_____   _____

Lesson 28

Activity 4

a   e   i   o   u

oi   ou   or   er   ir

ur   oo

opossum
_____

kangaroo
_____

caterpillar
_____

Activity Book A

Lesson 28

Activity 6

Top of the
food chain

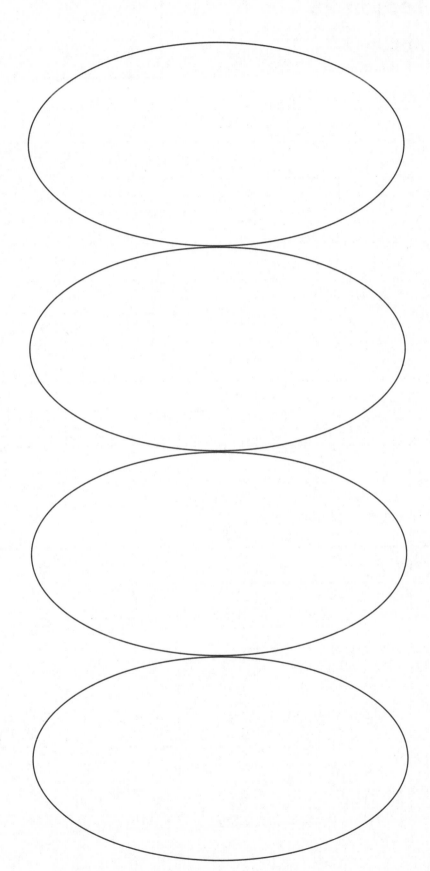

Bottom of the
food chain

Lesson 28

Activity 7

Activity Book A

Lesson 29

Activity 3

A

_<u>u</u>e

bl<u>ue</u>

gl<u>ue</u>

cl<u>ue</u>

c<u>ue</u>

d<u>ue</u>

B

b<u>oo</u>t

n<u>ew</u>

s<u>ue</u>

f<u>oo</u>l

c<u>oo</u>l

t<u>u</u>na

f<u>ew</u>

d<u>o</u>

s<u>ui</u>t

s<u>oo</u>n

Lesson 29

Activity 4

pl<u>ai</u>ns   shi<u>i</u>ne   gr<u>ou</u>nd   h<u>u</u>ge

h<u>air</u>   bod<u>y</u>   bod<u>ie</u>s   st<u>ore</u>

f<u>oo</u>d   h<u>er</u>d   q<u>u</u>ick   sh<u>oo</u>t

r<u>i</u>de   arr<u>ow</u>   f<u>ee</u>ds   t<u>ar</u>get

Activity 5

a   e   i   o   u   y

_igh   i_e   er   ar

ur   or   ir   _oy

<u>g</u>o<u>pher</u>   <u>b</u>uff<u>a</u>l<u>o</u>   <u>winter</u>

<u>sh</u>a<u>gg</u>y   <u>a</u>l<u>i</u>ve   <u>bodies</u>

<u>L</u>ak<u>o</u>t<u>a</u>   <u>A</u>meri<u>c</u>ans   <u>q</u>uietly

Lesson 29

Activity 7

Top of the
food chain

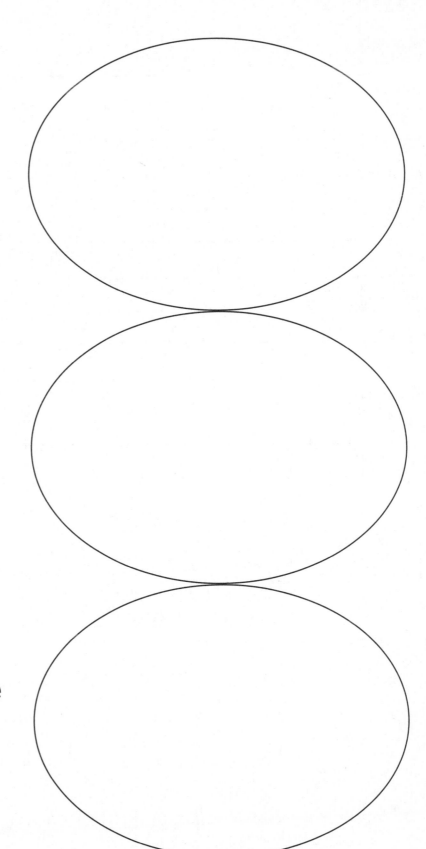

Bottom of the
food chain

Lesson 29

Activity 8

Lesson 30

Activity 3

A

eigh

eight

weigh

sleigh

B

berry

sleep

knew

new

borrow

raccoon

quickly

slowly

know

now

comb

Lesson 30

Activity 4

Lesson 30

Activity 5

a	a_e	ai	i	_igh	i_e
o	_oy	u	u_e	or	y
er	ow	e	e_e	_ee	

changing   quickly   quietly
____   ____   ____

sleeping   slowly   hibernate
____   ____   ____

grizzly   perfect   catches
____   ____

Lesson 30

Activity 7

Top of the
food chain

Bottom of the
food chain

Activity Book A

Name_____

Lesson 30

Activity 8

_____

- - - - - - - - - - - - - - - - - - -

_____

- - - - - - - - - - - - - - - - - - -

_____

- - - - - - - - - - - - - - - - - - -

_____

- - - - - - - - - - - - - - - - - - -

_____

Lesson 31

Activity 2

w<u>eigh</u>t   w<u>a</u>it   t<u>ow</u>n

dr<u>i</u>ve   ne<u>x</u>t   sta<u>y</u>

l<u>a</u>ke   r<u>a</u>iny   gr<u>ow</u>

g<u>rew</u>   dol<u>p</u>hin   <u>k</u>nife   w<u>eigh</u>

Activity 4

Cambodia

Vietnam

Tonlé Sap

Kompong Luong

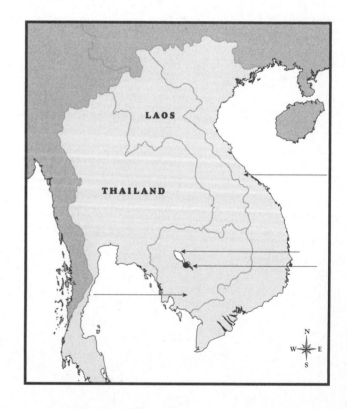

Activity Book A

Name_____

Lesson 32

Activity 2

_____   _____   _____   _____
. . . .
_____   _____   _____   _____

Activity 3

pla<u>ce</u>   c<u>oa</u>t   ri<u>ce</u>   f<u>oo</u>d

b<u>oo</u>k   <u>eig</u>ht   fi<u>sh</u>ing   ca<u>ug</u>ht

t<u>oo</u>   wa<u>y</u>   chan<u>g</u>e   sh<u>o</u>re

m<u>i</u>les   r<u>ai</u>n   sm<u>o</u>ke

Activity Book A

57

Lesson 32

Activity 5

fisher

healthy

grandparents

Cambodia

children

money

neighborhood

Lesson 33

Activity 1

Fish are very important to the people of Kompong Luong.

_____

- - - - - - - - - - - - - - - - - - - -

_____

- - - - - - - - - - - - - - - - - - - -

_____

- - - - - - - - - - - - - - - - - - - -

_____

- - - - - - - - - - - - - - - - - - - -

_____

- - - - - - - - - - - - - - - - - - - -

_____

- - - - - - - - - - - - - - - - - - - -

_____

Lesson 33

Activity 4

f<u>ou</u>nd   sch<u>oo</u>l   pie<u>c</u>e

st<u>o</u>res   ch<u>ur</u>ch   t<u>o</u>rn

sl<u>ee</u>p   <u>p</u>hoto   fl<u>y</u>

sp<u>a</u>rk   yell<u>ow</u>   s<u>ick</u>

peop<u>l</u>e   h<u>ar</u>d   twi<u>c</u>e

eas<u>y</u>   easi<u>e</u>r

Activity 5

<u>photograph</u>   <u>houses</u>   <u>people</u>

<u>thousand</u>   <u>answer</u>   <u>churches</u>

<u>houseboat</u>   <u>children</u>   <u>largest</u>

<u>problem</u>   <u>family</u>

Lesson 34

Activity 2

A

oa_

fl**oa**t

b**oa**t

t**oa**d

r**oa**d

oat

g**oa**l

B

yell**ow**

fl**y**

t**all**

prett**y**

p**ur**ple

wat**er**

cl**o**se

look

t**or**n

str**ee**t

arr**i**ve

br**igh**t

b**ir**d

sk**y**

h**ou**se

Lesson 34

Activity 4

shining	airplane
someone	arrive
pretend	quietly
sparkles	waterbird
picture	electricity
family	families
country	countries
problem	answer

Lesson 34

Activity 7

Problem

Tonlé Sap changes size.

Solution

The people live on the lake in houseboats.

Effect/New Problem

1. _____
_____
_____
_____
_____

2. _____
_____
_____
_____

Lesson 35

Activity 2

n<u>ew</u>	t<u>ow</u>n	cl<u>ea</u>n
w<u>oo</u>d	f<u>i</u>re	h<u>ur</u>ts
b<u>oa</u>ts	c<u>oo</u>k	ar<u>ou</u>nd
s<u>ee</u>ms	<u>kn</u>ow	<u>p</u>hone
mi<u>gh</u>t	ca<u>tch</u>	b<u>oi</u>l

Lesson 35

Activity 4

su<u>rvi</u>ve   <u>h</u>eal<u>t</u>hy

<u>p</u>ro<u>b</u>lem   <u>crum</u>b<u>l</u>e

<u>answ</u>er   <u>n</u>ear<u>b</u>y

<u>coun</u>tries   <u>doc</u>tor

<u>f</u>re<u>qu</u>ently   <u>cul</u>ti<u>v</u>ate

Lesson 35

Activity 6

Problems with People Living on Tonlé Sap

_____

1. _____

2. _____

3. _____

Possible Solutions

_____

1. _____

2. _____

Lesson 36

Activity 1

gr<u>ow</u>	pla<u>c</u>e	f<u>or</u>med
tod<u>ay</u>	r<u>ea</u>son	ar<u>ou</u>nd
h<u>er</u>d	h<u>ar</u>d	g<u>oa</u>ts
<u>y</u>aks	l<u>oo</u>king	h<u>ai</u>r
b<u>ur</u>ned	w<u>oo</u>l	<u>car</u>pet
sh<u>ee</u>p	r<u>oa</u>m	

Lesson 36

Activity 6

Problems with Early Humans

_____

_____

_____

_____

_____

_____•

Solution

_____

_____

_____

_____•

Effect

_____

_____

_____

_____

_____

_____•

Lesson 36

Activity 6—continued

Problems with the Changpa

Solution

Effect

Name_____

Lesson 37

Activity 1

r<u>igh</u>t   <u>w</u>rite   k<u>i</u>te

w<u>ai</u>t   w<u>eigh</u>t   chan<u>g</u>e

gr<u>ou</u>nd   p<u>ar</u>ts   sh<u>or</u>t

thu<u>mb</u>   h<u>aw</u>k   t<u>oa</u>st

c<u>oi</u>n   <u>c</u>ycle   gra<u>p</u>h

<u>oi</u>l   shad<u>ow</u>   <u>kn</u>ife

Activity 3

<u>po</u>tato   <u>sea</u>son   <u>fam</u>i<u>lies</u>

<u>another</u>   <u>pop</u>u<u>lar</u>   <u>frozen</u>

<u>travel</u>   <u>grazing</u>

<u>no</u>ma<u>dic</u>   <u>outside</u>

70   **Activity Book** A

Name_____

Lesson 37

Activity 7

Problem

The Machiguenga people need to plant crops during the wet season.

Solution

_____

_____

_____

_____

_____

_____

_____

Effect

_____

_____

_____

_____

_____

_____

_____

Lesson 37

Activity 7—continued

Problem

The Machiguenga people need to eat during the dry season.

Solution _____

_____

_____

_____

_____

Effect _____

_____

_____

_____

_____

Lesson 37

Activity 7—continued

Problem

The Machiguenga children need to go to school.

Solution

_____

....

_____

_____

....

_____

_____

....

_____

Effect

_____

....

_____

_____

....

_____

_____

....

_____

Lesson 38

Activity 2

_____   _____

_____   _____

_____   _____

_____   _____

_____   _____

_____   _____

_____   _____

Activity 4

clothing   reindeer   important

themselves   tepees   everything

warmer   telephone   electricity

strategy   written   summary

Lesson 38

Activity 7

Problem

_____

_____

_____

_____

_____

_____

Solution

_____

_____

Effect

_____

_____

Lesson 39

Activity 2

_____ _____ _____
....
_____ _____ _____
_____ _____ _____
....
_____ _____ _____

_____ _____
....
_____ _____

Activity 4

invite   weather   travel

travelers   visit   visitors

woeful   inviting   harshest

coffee   survival   camels

country   countries

Lesson 39

Activity 5

dr<u>y</u>	dr<u>i</u>est
sh<u>ee</u>p	str<u>o</u>ng
d<u>u</u>ring	t<u>e</u>nts
pla<u>c</u>e	st<u>o</u>ne
with<u>ou</u>t	w<u>eigh</u>t
m<u>ee</u>t	t<u>ea</u>
l<u>oo</u>se	r<u>o</u>be
sc<u>ar</u>f	scarv<u>es</u>

Lesson 40

Activity 1

Problem

Their herds need grazing land in the desert.

Solution

_____

- -

_____

_____

- -

_____

_____

- -

_____

Effect

_____

- -

_____

_____

- -

_____

_____

- -

_____

Lesson 40

Activity 1—continued

Problem

The sun is very hot, and the winds are very strong where the Bedouins live.

Solution

_____

_____

_____

_____

_____

_____

_____

_____

Effect

_____

_____

_____

_____

_____

_____

_____

_____

Lesson 40

Activity 3

	_ing	_ed
use		
graze		
move		
pile		
hope		
shape		

Lesson 40

Activity 4

y<u>ea</u>r   h<u>e</u>rd   h<u>ou</u>ses

sti<u>ck</u>s   <u>o</u>il   pl<u>ai</u>ns

chan<u>ce</u>   gr<u>ow</u>n   p<u>a</u>rks

gr<u>ou</u>nd   circ<u>le</u>   th<u>o</u>rn

ret<u>u</u>rn   appr<u>oa</u>ch